NOTES HISTORIQUES

SUR LA

FAMILLE BONNOT

ET LA

SUCCESSION DE CONDILLAC

VALENCE

IMPRIMERIE DE JULES CÉAS ET FILS

—

1905

COLLECTION

D'OPUSCULES DAUPHINOIS

VII

NOTES HISTORIQUES

SUR LA FAMILLE BONNOT

ET LA SUCCESSION DE CONDILLAC

DU MÊME AUTEUR

Essai historique sur l'Eglise et la ville de Die, in-8°, t. Ier, Montélimar, Bourron, 1888, XII et 500 p., et t. II, Valence, Jules Céas et fils, 1896, 616 p. — Cet ouvrage aura trois volumes.

Mémoires des frères Gay, de Die, pour servir à l'histoire des guerres de religion en Dauphiné et spécialement dans le Diois, publiés d'après les manuscrits originaux, avec un texte supplémentaire, des notes généalogiques et des documents inédits. Montbéliard, P. Hoffmann, 1888, in-8°, 353 p.

Notes et documents pour servir à l'histoire des évêques d'Avignon et de Valence dans la seconde moitié du XIIe siècle. Valence, 1886, in-8°, 31 p.

Histoire généalogique de la maison de Rabot. Valence, 1886, in-8°, 112 p.

Mémoires du P. Archange de Clermont, de l'ordre des Frères Mineurs Recollets, pour servir à l'histoire des Huguenots à Romans (1547 à 1570). Romans, 1887, in-8°, 75 p.

Quarante années de l'histoire des évêques de Valence au moyen âge (Guillaume et Philippe de Savoie), 1226 à 1267. Paris, Picard, 1889, in-8°, 109 p.

Amédée de Roussillon, évêque de Valence et de Die (1276-1281). Étude historique. Grenoble, Baratier, 1890, in-8°, 96 p.

Mémoire historique sur les hérésies en Dauphiné antérieures au XVIe siècle, accompagné ue documents inédits sur les sorciers et les vaudois. Valence (t. Ier de la Collection d'opuscules dauphinois).

Histoire du baron des Adrets, par Brisard, accompagnée de notes et de documents inédits. Valence, 1888, in-4°, 190 p. (t. II, de la Collection d'opuscules dauphinois).

L'abbaye de Notre-Dame de Valcroissant, de l'ordre de Cîteaux, au diocèse de Die. Valence, 1898, in-4°, 90 p.

Mémoires pour servir à l'histoire des comtés de Valentinois et de Diois. Paris, 1897, in-8°, 476 p. (t. Ier).

La Révolution à Die et dans la vallée de la Drôme (1789-1799). Valence, 1903, in-8°, 376 p.

Souvenirs du consulat et de l'empire dans le département de la Drôme. Grenoble, 1904, in-8°, 242 p.

NOTES HISTORIQUES

SUR LA

FAMILLE BONNOT

ET LA

SUCCESSION DE CONDILLAC

VALENCE

IMPRIMERIE DE JULES CÉAS ET FILS

—

1905

I. — GABRIEL BONNOT, d'une famille originaire du Briançonnais, d'abord receveur des tailles, puis qualifié vicomte de Mably, écuyer, conseiller du Roi, secrétaire de la chancellerie près le parlement, habitait Grenoble dès l'année 1680. Il acquit le 28 septembre 1720, pour le prix de 120,000 livres, d'André Gondoin, les domaines de Condillac et de Banier, près de Romans. Il est mort en 1727 (1). De sa femme Catherine de la Coste, sœur de Laurent de la Coste, ancien officier, puis receveur des tailles à Montélimar, il laissa :

1º JEAN BONNOT DE MABLY, qui suit ;

2º GABRIEL BONNOT DE MABLY, célèbre publiciste, né à Grenoble le 14 mars 1709, et mort à Paris le 23 avril 1785. Il ne fut jamais que sous-diacre et il est connu sous le nom d'abbé de Mably.

3º ETIENNE BONNOT, né à Grenoble le 30 septembre 1714, entré dans les ordres contre son gré et qui s'est rendu célèbre comme philosophe sous le nom d'ABBÉ DE CONDILLAC (2). Il mourut au château de Flux, près de Beaugency,

---

(1) Dʳ ULYSSE CHEVALIER, *Armorial historique de Romans*. Lyon, 1887, in-8°. p. 26.

(2) L'abbé de Condillac fut ordonné prêtre, mais, assure-t-on, ne dit qu'une messe en sa vie. Le nom de Condillac lui vient de cette terre de Condillac que son père avait achetée. Elle se trouve au nord et tout près de Romans, au quartier des Balmes.

chez sa nièce, Mme de Sainte-Foy, dans la nuit du 2 au 3 août 17.. .. a succession mit aux prises ses héritiers.

4° FRANÇOIS BONNOT, dit DE SAINT-MARCELLIN, maire de Romans de 1755 à 1768. Nous résumerons ici quelques actes qui le concernent.

1749, 15 juin. Il souscrit à nouveau une obligation de 830 livres, au profit de demoiselle Jeanne Bochage, veuve d'André Disdier, pour argent prêté.

1757, 17 janvier. Autre obligation de 799 livres, au profit d'Etienne Carlin.

1768, 8 juillet. Denis Dupré, président en la chambre des comptes, lui passe quittance d'un remboursement de 1200 livres, à compte du montant du prix d'acquisition d'une maison située à Romans, rue Montchorel, quartier de la Bouverie, qu'il avait achetée sous seing privé, le 13 octobre 1763, et pour les réparations de laquelle il faisait un compromis avec Jean Pouyet, maçon, et Pierre Mourier, charpentier, s'engageant à leur donner 1,420 livres (1).

1774, 25 février. Il donne à fonds perdu une somme de 20,000 livres à ses deux neveux Gabriel de Loulle, prévôt de Crest, et Antoine de Loulle, conseiller au parlement, aux conditions suivantes : pour 10,000 livres, ils lui serviront à lui-même un intérêt de 10 %; pour 6,000, ils serviront 7 % d'intérêt à sa fille Jeanne-Elisabeth, et pour 4,000, 7 %, à Marie-Benoîte Chometon, femme d'Antoine Pouchon.

Il payait une rente de 36 sols au couvent des capucins de Romans, et une pension de 2 livres à la chapelle des Pénitents.

De son épouse, dont nous ignorons le nom, il avait eu une fille, Catherine Bonnot, qui mourut le 17 juillet 1762 et fut

---

(1) On a donné le nom de *côte Bonnot* à la voie rampante qui conduit à cette maison, qu'habita François Bonnot, et qui a été acquise en 1845 par M. Paul-Emile Giraud. Celui-ci l'a léguée en 1883 à la ville de Romans, pour continuer à servir de salle d'asile.

ensevelie le lendemain dans l'église des cordeliers de Romans, en présence de Louis Pascal, chirurgien, et de Mathieu Chevalier, bourgeois de cette ville (1).

François Bonnot de Saint-Marcellin, mourut le 20 septembre 1785 et fut enseveli le lendemain, avec le costume des frères du tiers ordre de Saint-François, auquel il appartenait, dans un des caveaux du cloître des cordeliers de Romans. Son dernier testament est du 8 juin de cette même année 1785. Il y institue pour héritier universel son neveu, François-Antoine de Loulle de Montillery, conseiller au parlement, avec substitution au profit du premier enfant à naître dud. héritier, et en cas de non exécution des legs mentionnés en son testament, il lègue tous ses biens à l'hôpital général. Enfin, il désigne François Seyvon pour son exécuteur testamentaire.

5° ANNE BONNOT, mariée le 31 juillet 1727 à Philippe de Loulle, seigneur d'Arthemonay, conseiller au parlement (2). Elle mourut le 16 mai 1740, et son mari, le 9 mai 1754. De ce mariage naquirent plusieurs filles qui prirent le voile, et plusieurs fils. Nous ne parlerons ici que de deux de ces derniers. BRUNO-GABRIEL, dit l'abbé de Loulle, né le 29 août 1728, hérita de son père, de la seigneurie d'Arthemonay et de Reculais. Il fut prévôt de Crest, vicaire général de Die, conseiller-clerc à la chambre des comptes. Il mourut le 12 avril 1793. Il avait été en assez mauvais termes avec son oncle Bonnot de Saint-Marcellin, qui l'écarta de son héritage, et leurs différends vinrent, en partie, à l'occasion de la vente faite par ce dernier le 23 juin 1770 des terres de Condillac et de Banier à Louis Machon. — FRANÇOIS-ANTOINE DE LOULLE DE MONTILLERY, né en 1734. Le

---

(1) *Reg. des sépultures dans l'église des cordeliers de Romans. Ms.*

(2) A. DE BOUFFIER, *Monographie de la famille de Loulle*, dans *Bulletin de la Société de Statistique et d'Archéologie de la Drôme.* t. XVI (1882), p. 406-8, et t. XVII (1883), p. 49-58, 183-93.

12 Juin 1783, son oncle, Bonnot de Saint-Marcellin lui écrivait pour se plaindre amèrement des mauvais procédés du prévôt de Loulle, et lui dire qu'il venait de refaire son testament, mais qu'il ne cessait de le constituer son héritier universel, le considérant comme un homme d'honneur et de probité. Comme nous l'avons dit, il le fit par son dernier testament son légataire universel; mais il paraît que cette succession n'était pas sans embarras, car le neveu ne l'accepta, le 26 septembre 1785, que sous bénéfice d'inventaire. Les scellés furent mis sur tous les appartements de l'ancien maire de Romans, à la requête de l'abbé de Loulle, sauf inventaire qui fut immédiatement dressé de certains meubles appartenant à Marie-Benoîte Chometon. La levée des scellés eut lieu le 7 octobre 1785, à la requête de l'héritier, et un inventaire détaillé de tous les biens du défunt fut rédigé en présence de Jean du Port-Roux, procureur du roi, de Jean-Gabriel du Port-Roux, son fils, avocat au parlement de Paris, de Jacques Brenier de Préville, chevalier de Saint-Louis, de Philippe-Amédée du Vivier, ancien conseiller au parlement, de Charles-Ferdinand de Gilliers, capitaine de cavalerie et officier de la chambre du comte d'Artois, de Gabriel de Loulle, prévôt de Crest, et de Joseph Belland, conseiller du roi, président au bureau de l'élection de Romans.

II. — Jean BONNOT DE MABLY, l'aîné des fils de Gabriel Bonnot et de Catherine de la Coste, conseiller du roi, prévôt général de la maréchaussée du Lyonnais, Forez, et Beaujolais, épousa vers 1728, Antoinette Chol. Il habitait Lyon, en 1755, place Louis-le-Grand, paroisse d'Ainay. Il avait à cette époque huit enfants : 1° François-Paul-Marie ; 2° François-Jean-Baptiste ; 3° Gabriel-Jean-François ; 4° Geneviève-Louise ; 5° Marie-Gabrielle ; 6° Jean-Antoine ; 7° Marie-Anne ; 8° Antoinette-Jeanne. Cette dernière seule,

qui eut des relations plus intimes avec Condillac et fut
mêlée aux affaires de sa succession, nous occupera. En 1740,
Jean Bonnot prenait chez lui, Jean-Jacques Rousseau, en
qualité de précepteur de son fils aîné François-Paul-Marie.
Le 1er mars 1755, il mariait sa fille Antoinette-Jeanne, avec
Jean-Pierre-Marie Métrat de Rouville, seigneur de Sainte-
Foy, chevalier, mousquetaire noir de la garde du roi, fils de
Jean Métrat de Rouville, écuyer, seigneur de Sainte-Foy,
Largentière, et de demoiselle Ennemonde Carrel, à qui ses
père et mère faisaient abandon de leurs biens moyennant
une pension viagère et certaines clauses relatives aux dots
de trois fils qu'ils avaient encore et qui s'étaient fait jésui-
tes (1). Jean Bonnot mourut vers 1768.

Le mariage d'Antoinette-Jeanne Bonnot avec le sieur de
Rouville de Sainte-Foy ne fut pas heureux, et le 2 mars 1768,
les deux époux faisaient séparation de biens, en présence de
Charles de Muséo de la Ferrière, sénéchal de Lyon. La dame
de Sainte-Foy réclama sa dot de 30,000 livres, les augments
et ses bijoux ; le tout se monta 40,000 livres. Les formalités
relatives à cette séparation ne furent terminées qu'en 1771.
La dame de Sainte-Foy sut, paraît-il, gagner les bonnes
grâces de son oncle, l'abbé de Condillac, qui en 1773, lui fit
don d'une somme de 75,000 livres. Cette même année, et le
28 avril, Mme de Sainte-Foy acheta le château et la terre de
Flux, paroisse de Saint-Firmin, au baillage de Beaugency,
moyennant le prix de 63,000 livres et 1,200 livres de pots de
vin, dont 30,000 provenant de la donation de l'oncle furent
payées comptant.

C'est dans cette terre de Flux, appartenant à sa nièce,
que mourut Condillac, le 3 août 1780. Il était abbé commen-

---

(1) Les trois frères jésuites se nommaient : Louis-Joseph Métrat
de Sainte-Foy, Alexandre Métrat de Rouville, et Louis-François-
Hector Métrat de la Fays. Il y en avait un quatrième, Camille
Métrat, religieux célestin,

dataire de Mureau, depuis l'année 1764 (1), et membre de l'académie française depuis 1768. Sa succession donna lieu à de grands démêlés entre ses parents, la nièce chez laquelle il était mort prétendant à la totalité de l'héritage. Les pièces que nous allons analyser sont sans doute incomplètes et ne pourront donner qu'une physionomie assez superficielle du long procès qui s'éleva, mais telles quelles, elles offrent un intérêt historique, à cause du nom du personnage qu'elles concernent.

1780, 29 août. Inventaire des meubles, papiers et autres choses de l'abbé de Condillac, dressé à la requête de madame

---

(1) L'abbaye de Mureau, de l'ordre des Prémontrés, fondée en 1157, est située dans l'ancien diocèse de Toul. Le 3 juin 1765, Jean-François de Roze, abbé de Manzac, fondé de pouvoirs de Condillac, passait un bail à ferme au R. P. Nicolas-Etienne, prieur de l'abbaye de Mureau, fondé de procuration des religieux de lad. abbaye, pour neuf ans, à partir du 1er janvier 1766, de tous les biens et revenus de cette abbaye, moyennant 7,500 livres, les religieux restant chargés de toutes les réparations aux fermes, moulins, granges, chœurs, nefs ou chapelles des églises où l'abbé de Mureau était décimateur. Le 3 juillet 1773, renouvellement du même bail, aux mêmes clauses et conditions, à partir du 1er janvier 1775. Il va sans dire que l'abbé de Condillac ne s'occupa de son abbaye que pour en retirer les revenus, qui dans la pensée des pieux fondateurs n'étaient nullement destinés à fournir des moyens d'existence à un tel personnage : il laissa les bâtiments tomber plus ou moins en ruine et ne s'assura point si les religieux y faisaient les réparations nécessaires. A sa mort, la chambre des comptes et la caisse des économats intentèrent un procès à sa succession pour qu'elle fût condamnée à faire les réparations ; mais les héritiers de Condillac, s'appuyant sur les termes du bail, rejetèrent la responsabilité de cette mauvaise administration sur les religieux. Les choses en étaient là en 1785 et nous ignorons comment elles furent terminées. Nous avons là un exemple, entre mille, des désordres révoltants qu'entretenait, perpétuait le régime bénéficiaire, dont la Révolution nous a enfin délivrés.

de Sainte-Foy et de M. Antoine Darotte, conservateur des hypothèques à Orléans, comme fondé de pouvoirs de M. Louis-Pierre-Sébastien Marchal de Saincy, et Louis-René, son fils, économes généraux de France.

1782, 29 avril. Lyon. Lettre de François-Paul-Marie Bonnot, frère de madame de Sainte-Foy, à son oncle Bonnot de Saint-Marcellin, à Romans. Il vient d'apprendre que led. Bonnot de Saint-Marcellin a l'intention de lui confier sa procuration pour faire liquider la succession de l'abbé de Condillac. Il le blâme de l'avoir retiré des mains de son frère Mably, attendu que tout semblait alors devoir se terminer à l'amiable et à l'avantage de tous les cohéritiers; que cette succession est peu importante et ne consiste qu'en quelques effets, sur lesquels les économes ont fait mettre les scellés, ainsi que sur les *pro rata* des pensions de Parme et revenus de son abbaye et qu'on ne peut rien demander qu'à la bonne foi de madame de Sainte-Foy, à moins de lui faire un procès. Il annonce son départ pour Montluel. Il sait que l'abbé de Condillac a laissé 4,000 livres entre les mains de M. Meunier.

1782, 16 juillet. Bonnot de Saint-Marcellin donne procuration à son neveu François-Paul-Marie Bonnot, habitant avec sa mère à Lyon, faubourg de la Croix-Rousse, paroisse Saint-Vincent, pour traiter soit à l'amiable, soit par voie de justice, de tout ce qui peut l'intéresser.

1782, 23 juillet. Montluel. François-Paul-Marie écrit à son oncle lui annonçant qu'il va partir pour Orléans, où il désirerait bien pouvoir confier leurs différends à un arbitrage, dans le genre de celui qui avait tout d'abord été constitué à Paris; mais il faut le consentement de toutes les parties. Il le remercie, au nom de sa mère, et le charge de demander à son frère la note des objets de chapelle à réclamer à madame de Sainte-Foy et qui sont spécifiés dans les pouvoirs donnés par sa mère.

1782, 10 novembre. Orléans. Lettre du même au même. C'est par le fait du hasard qu'il apprit que madame de Sainte-Foy était depuis deux jours seulement arrivée de Paris, où elle était demeurée trois mois. Il lui avait pourtant écrit pour la prier de le prévenir de son retour, parce qu'il désirait avoir avec elle un entretien. Il a eu cet entretien et il va en rendre compte à son oncle. Il a commencé par exposer à madame de Sainte-Foy qu'il n'avait pu faire différemment que d'accepter la procuration des intéressés pour régler les affaires de la succession de M. de Condillac et qu'il n'avait qu'un désir, tout terminer à l'amiable. A quoi, madame de Sainte-Foy répondit qu'il y avait longtemps qu'elle s'attendait à autant de mauvais procédés de la part de sa famille; qu'elle ne détenait le bien de personne; que tout ce qu'elle avait était bien à elle ; que nous n'étions tous que des fripons et de gens de mauvaise foi ; que nous voulions la dépouiller de ce qui lui appartenait, mais qu'elle saurait se défendre. A cela il a répliqué qu'il ne venait pas pour plaider, que M. de Condillac étant mort à Flux, dans la maison de cette dame, il était dès lors tout naturel que les parents du défunt voulussent s'informer de leurs droits et réclamer ce qui pouvait leur revenir de cette succession ; qu'elle n'avait qu'à opposer à leurs prétentions des titres ou de bonnes raisons, si elle en avait, puis s'en rapporter à la décision de gens honnêtes, pris pour arbitres. Madame de Sainte-Foy lui avait dit alors qu'il n'y avait pas lieu à contestation, que tout, absolument tout était à elle. Il lui fit observer que la meilleure preuve qu'il pouvait y avoir lieu de contester, elle l'avait elle-même fournie, en ayant consenti tout d'abord à un arbitrage, en offrant de restituer certains objets et des valeurs. Sur cette observation, madame de Sainte-Foy entra en fureur, l'accabla d'invectives et d'injures, disant que cet arbitrage n'était qu'une friponnerie, un piège abominable tendu sous ses pieds ; qu'on avait profité d'un moment où, tout entière à sa douleur, uniquement préocccupée de la mort de son oncle, elle avait comme perdu la tête ; que d'ailleurs, elle avait assez de lettres et de titres à publier pour nous monter les uns contre les autres, par les horreurs respectives que nous lui avions confiées. Et comme il ajoutait qu'il lui prouverait par ses propres lettres la réalité des faits qu'elle niait maintenant, elle traita son interlocuteur de menteur et de faussaire, capable de fabriquer de faux documents, ce que du reste elle prouverait, en faisant assigner sa mère. Elle parlait de faire assigner tout l'univers. La conversation ou plutôt la dispute avait atteint un tel degré qu'il crut devoir se retirer, s'éloigner d'un tel monstre. Il avait pensé que le portrait que son frère lui avait fait de cette femme était forcé, exagéré ; il constate qu'il était bien au-dessous de l'original.

1782, 10 décembre. Orléans. Le même au même. Il lui envoie le texte d'une requête pour faire assigner les de Loulle à Grenoble. Il n'y a pas de temps à perdre. Il faut prendre un *pareatis* pour les juges du lieu et renvoyer la requête et l'expédition bien en règle à son procureur M⁰ Dubuisson, à Beaugency, attendu qu'il part pour Paris faire les recherches nécessaires.

1783, 24 janvier. Paris. Le même au même. « Vous me
« marquez que vous avez fait une cession à M. l'abbé de
« Mably des manuscrits, et cependant je vous avais recom-
« mandé avec le plus grand soin de ne rien terminer avec
« personne à cet égard, quoi qu'on vous marquât. Imaginez-
« vous que par ce beau chef-d'œuvre vous nous ôtez la
« seule et meilleure ressource que nous avions de faire
« terminer promptement toutes ces affaires à votre avan-
« tage. Vous ne me mandez pas seulement si c'est une
« cession par devant notaire. En outre, je vous ai adressé,

« il y a six semaines une requête pour faire assigner promp-
« tement les de Loulle et vous ne m'accusez réception de
« rien. Si les choses vont ainsi, mon cher oncle, si je suis
« contrebarré partout, si personne ne se prête à la moindre
« chose, je suis forcé de tout abandonner. J'aime mieux
« perdre les avances que j'ai faites que de continuer à me
« tourmenter le corps et l'âme pour de la chimère..... »

1783, 26 février. Paris. Le même au même. Il lui rappelle
encore la requête pour faire assigner les de Loulle, lui
reproche de nouveau la cession des manuscrits, cession qui
ne peut servir de rien à M. l'abbé de Mably, parce qu'il faut
que ses droits soient reconnus et autorisés par la justice et
qu'il n'est pas dans le cas d'avoir une explication avec M. de
Mably qui ne lui a pas répondu. Si les choses continuent de
la sorte, il renverra la procuration que son oncle lui a
donnée.

1783, 26 avril. Supplique de François Bonnot de Saint-
Marcellin, domicilié à Romans, héritier pour un quart de
feu messire Étienne Bonnot de Condillac, son frère, et de
François-Paul-Marie Bonnot de Mably, demeurant à Lyon,
faubourg de la Croix-Rousse, héritier pour un tiers dans un
quart de feu messire de Condillac, son oncle, demandant l'un
et l'autre l'exécution de l'ordonnance du lieutenant-général
de Beaugency, du 29 novembre 1782, et faisant faire signi-
fication à M. le chevalier de Loulle, demeurant à Paris, pour
le partage de la succession de M. de Condillac, décédé en
août 1780, comme aussi à leurs autres cohéritiers dans la
même succession, savoir : l'abbé Bonnot de Mably, demeurant à Paris, rue du Four-Saint-Germain, héritier pour un
quart de son frère, demoiselle Bonnot de Mably, pension-
naire au couvent de la Visitation à Avallon, en Bourgogne,
héritière pour un tiers, dans un quart, par représentation de
père, le prévôt Jean de Mably, plus M. de Loulle, conseiller
du roi au parlement de Grenoble, l'abbé de Loulle, prévôt

du chapitre de Crest, et le chevalier de Loulle, demeurant
à Paris, rue Coq-Héron, tous trois par représentation de
leur mère, héritiers d'un tiers dans le quart de la succession de leur oncle Condillac, dont il fut dressé inventaire
mobilier le 29 août 1780, en opposition avec les prétentions
de madame de Sainte-Foy, demandant de la faire assigner
ainsi que les autres cohéritiers pour qu'il soit procédé parde-
vant Mᵉ Bordier à l'inventaire des meubles, ustensiles,
bijoux, argenterie, manuscrits, etc., de feu messire Etienne
Bonnot de Condillac, et à leur liquidation et partage, et en
cas de refus de la dame de Sainte-Foy de représenter les
effets en question, la condamner à payer aux cohéritiers une
somme de 50,000 livres.

1783, 15 août. Montluel. Lettre de François-Paul-Marie
Bonnot à son oncle François Bonnot de Saint-Marcellin, à
Romans. « Je suis de retour dans ce pays, bien fatigué de
« cette abominable affaire. Je donnerais bien 100 louis pour
« ne pas m'en estre mêlé. Tout est suspendu à cause des
« économats. Je ne puis vous faire le détail de toute cette
« infâme succession. Il m'en coûte 4,000 livres pour m'en
« estre mêlé ; mais je les regrette moins que le mauvais sang
« que cela m'a fait faire. Je pourrai peut-être aller faire un
« tour à Romans, et pour lors je pourrai vous instruire plus
« amplement..... Est-il vrai que l'abbé de Loulle doit aller
« à Paris, et savez-vous s'il se dispose à poursuivre madame
« de Sainte-Foy ? Je compte y retourner quand j'aurai des
« avis en conséquence ».

1783, 29 août. Romans. Lettre de Bonnot de Saint-Marcellin, à son neveu, en réponse à la précédente. « ... Il est
« bien inutile que vous vous donniez la peine de faire un
« voyage pour venir conférer avec moi de l'affaire de la suc-
« cession de feu mon frère. J'ai révoqué ma procuration, je
« suis fâché que vous ayez eu autant d'inquiétudes et de
« soucis. Il vaut mieux que vous restiez tranquillement à

« Lyon, auprès de madame votre mère, à qui je fais mes
« humbles compliments. D'ailleurs, puisque l'économat est
« venu à la traverse, cette affaire ne finira plus, et j'aime
« mieux l'abandonner ».

1784, 1er août. Lyon. Lettre du neveu à son oncle, à
Romans. Il lui accuse réception de sa lettre, révoquant sa
procuration. S'il ne lui a pas répondu plus tôt, c'est qu'il
avait chargé son frère qui habite Romans, de lui demander
quelques explications au sujet de cette révocation, et comme
il n'a point reçu les explications qu'il demandait, il écrit à
son oncle pour savoir à quoi s'en tenir. Il n'a agi que d'après
les conseils des gens d'affaires. Il a cru devoir suspendre un
moment ses démarches pour laisser terminer le procès
intenté par les économats pour réparations à faire à l'abbaye
de Mureau, procès intenté aux moines de cet abbaye, car s'il
eût agi avant le règlement de cette affaire, il était à crain-
dre que les héritiers de l'abbé n'y fussent impliqués et pris à
partie. L'oncle ayant retiré sa procuration, doit lui tenir
compte des frais qu'il a fait pour défendre ses intérêts, frais
qui sont plus considérables que le quart qui lui était laissé
dans les sommes qu'il pourrait recouvrer.

1784, 28 octobre. Lyon. Le même au même. « Je n'ai
« point été surpris de tout ce que j'ai appris des de Loulle,
« et surtout du chevalier. Il y a longtemps, sans connaî-
« tre à fond leurs menées, que je vois leurs vues ; j'ai
« toujours jugé que le chaos et le désordre qui empêchent
« de finir cette affaire, étaient leur ouvrage. J'avoue que
« madame de Sainte-Foy ne vaut pas mieux. Mais les
« circonstances actuelles me paraissent très délicates. Ce
« n'est que par considération pour le mort qu'on doit prévoir
« les suites d'une affaire qui peut devenir une source d'infâ-
« mies. Vous n'ignorez pas tous les propos ridicules et
« scandaleux et toutes les apparences qu'on découvre dans
« la vie et la conduite de madame de Sainte-Foy, dont

« l'abbé de Condillac partageait l'abomination. Je n'en ai
« que trop appris dans mes voyages à Beaugency. Il ne
« suffit donc pas dans ce moment que l'abbé de Mably soit
« détrompé sur le compte des de Loulle, mais il me paraît
« qu'il y a des mesures à prendre pour détourner ou du
« moins pour prévenir ce torrent empoisonné qui coulait aux
« pieds dud. abbé..... Pour faire usage, avec plus d'avan-
« tage de la procuration que vous m'aviez confiée, il paraît
« nécessaire d'agir de concert avec l'abbé de Mably, ce
« qui paraît très difficile..... Je crois qu'il est de la der-
« nière importance de ne point laisser après vous cette
« affaire et de ne rien négliger pour vous entendre avec lui,
« mais je ne puis m'en mêler, car je ne méritais pas le der-
« nier procédé qu'il a eu vis à vis de moi. Quand j'ai appris
« que les manuscrits vous appartenaient, je n'ai rien eu de
« plus pressé que de le lui annoncer, en le priant de me
« marquer ses intentions et lui assurant que je ferais tout ce
« qui dépendrait de moi pour vous engager à vous prêter à
« ses projets, et que, sans daigner me faire aucune réponse,
« il vous écrit pour obtenir de vous une donation de ces
« manuscrits. Que ce soit méfiance, mépris ou mortification
« qu'il ait voulu me donner, je ne crois pas que ce fût le cas
« de me le faire sentir, puisque c'est rendre le mal pour le
« bien... Écrivez cependant à l'abbé de Mably, les observa-
« tions que je vous fais sur la conduite de cette affaire, et
« faites-moi part de sa réponse que j'attendrai pour me déci-
« der sur le parti que j'aurai à prendre. Soyez tranquille sur
« les manuscrits ; je me conformerai entièrement à vos
« intentions. Si dans le temps, l'abbé de Mably avait voulu
« répondre à mes offres, il y a longtemps qu'ils lui auraient
« été adjugés, et rien n'aurait pu le contrebarrer dans ses
« projets d'édition, pas même le chevalier, malgré toute son
« adresse, car je me rappelle d'avoir eu une conversation
« avec lui à ce sujet et mes raisons ne lui plaisaient pas ; il
« s'est un peu plus dévoilé qu'à son ordinaire, et sous la

« peau du mouton j'ai vu le museau du renard... Ménagez
« votre santé en dépit de ceux qui attendent votre mort et
« votre succession ; soyez persuadé que je ne suis pas du nom-
« bre, et que c'est avec l'attachement le plus sincère... »

Les documents qui sont ici analysés ont fait partie des
archives de la famille de Loulle, famille qui s'est éteinte
à Romans, le 19 novembre 1829, en la personne de M. François-Antoine de Loulle de Montillery (1), et dont les biens ont
été recueillis par M. Chevalier de Sinard. Quant aux documents, après être demeurés longtemps dans un état de
complet abandon dans l'ancien domaine des de Loulle à
Arthemonay, ils se trouvent actuellement dans la riche
collection de manuscrits et de livres dauphinois de M. Amédée de Bouffier, au château de Livron.

Jules CHEVALIER.

---

(1) François-Antoine de Loulle de Montillery, habitait à Romans
l'ancienne maison de M. Brenier de Préville, située à la côte des
Cordeliers, maison qui fut acquise par M. Plauche-Beaucaire, curé
de Romans, et servit quelque temps de presbytère. M. de Loulle
avait épousé en secondes noces, le 9 novembre 1801, Marie-Victoire
Allier, veuve d'Abzac, dont il n'eut pas d'enfant. Son frère, l'abbé
de Loulle, prévôt de Crest, avait projeté en 1775 de lui faire épou-
ser Henriette, fille de Jean de la Coste du Vivier, nièce d'une
dame Madeleine-Catherine de Monier ; elle était destinée à recueillir
du chef de sa tante une assez grosse fortune, mais l'affaire ne put
aboutir, à cause des conditions qu'on mettait à ce mariage. Cette
dame de Monier avait eu une existence très mouvementée : ses
parents qui en voulaient faire une religieuse, l'avaient mise dès
l'âge de quinze ans au couvent des Ursulines de Chabeuil, où elle
fit ses vœux le 20 avril 1750. Peu faite pour ce genre de vie, elle
s'échappa deux fois du couvent, et deux fois décrétée de prise de
corps par l'official de l'évêque de Valence, elle fut appréhendée
par la maréchaussée et ramenée dans le cloître. L'affaire alla
devant les tribunaux, et après 25 ans d'un séjour forcé au couvent
de Chabeuil, elle obtint un jugement qui lui rendait la liberté de
retourner dans le monde.